Felix Bürkle

Vom Wagen und Schützen

Gedichte über unsere Sternbilder

Bibliografische Information
der Deutschen Nationalbibliothek:

Die Deutsche Nationalbibliothek verzeichnet diese Publikation
in der Deutschen Nationalbibliografie;
detaillierte bibliografische Daten sind im Internet über
dnb.dnb.de abrufbar.

© 2022 Felix Bertram Werner Bürkle
Gestaltung: Sarah Schott
Herstellung und Verlag:
BoD – Books on Demand, Norderstedt
ISBN: 9783755739036

**"Sometimes, when it is cloudy,
I can sleep."**

Aus der Kurzgeschichte *Polaris*
von Howard Phillips Lovecraft

Die 88 Sternbilder

Achterdeck des Schiffes

Es fuhr einst ein Piratenschiff
in eine Bucht, vorbei am Riff,
sich häuslich einzunisten.
Man saß dort auf den Kisten

und spielte gerne Karten.
Doch ging es bei den Zarten
nicht nur ums Ehrenglück.
Der Beute größtes Stück

bekam, wer konnte siegen.
Auf Brechen und auch Biegen
war jeder drum dabei.
Doch plötzlich, welch ein Schrei.

Man packte aus ein neues Deck
und brüllte „John, was soll der Dreck?"
Die Karten waren Achter nur,
da konnte jeder schimpfen stur.

Der arme John, im Schlussverkauf
nahm dieses Unglück seinen Lauf.
Ein Schnäppchen dort zu schlagen,
das sollte ihn erlaben.

Doch war's ein Mängelexemplar,
das er da kaufte in der Bar.
Man hängte ihn nutzlosen Mann
und band ihn tot noch Backbord an.

Adler

Der Busbahnhof ist sein Revier.
Doch sitzt der Adler nicht zur Zier
auf dem Bürokomplex.
Er ist oft sehr perplex,

was er erhaschen kann.
Von Kind, von Frau und Mann,
die ganz dort unten warten.
Im Winter auch die Harten.

Sein Adlerauge nützt da gut,
er blickt so über manchen Hut
ganz tief in Smartphones rein.
Will nicht so schamlos sein

und ist doch sündhaft ehrlich.
Wohl alles scheint entbehrlich,
wenn er es hat erblickt.
Der Adler tüchtig pickt

Details von Displays auf,
die er dann zum Verkauf
am Schwarzmarkt groß bestimmt.
Dort wo das Licht gedimmt

und alles leise ist.
Das Menschenhirn vergisst,
der Adler nichts vermisst,
was er ins Hirn sich frisst.

Altar

Es trug sich zu dort am Altar,
was ganz und gar nicht christlich war.
Ein Pärchen, in der Tür geirrt,
ist in der Kirche rumgeschwirrt.

Fast auf dem Absatz kehrt gemacht,
hat eine alte Frau entfacht
die Neugier der Vereinten.
Den Gruß sie nicht verneinten,

die Skepsis blieb bestehen.
„Ich will euch hier nicht sehen",
sprach jene weiße Weise
und zog sich darauf leise

durchs Hauptportal zurück.
Allein das junge Glück
nun bei den hohen Mauern.
Sie wollten nicht versauern,

viel mehr vom Leben naschen.
So grub er aus den Taschen
ein Tütchen schnell hervor.
Sie machte weit das Tor.

Andromeda

Die Unternehmertochter kann
auch leben ohne einen Mann,
weil sie ja ihren Vater hat,
der füttert noch die Enkel satt.

Andromeda war traurig sehr.
Erhoffte sich vom Leben mehr,
als kein Problem zu haben.
Der Elektronikladen

warf ab nur noch die Miete,
die dort in dem Gebiete
die halbe Miete ist,
wenn du selbstständig bist.

Gefesselt an den schlimmen Traum,
da fand sie Zeit für Perseus kaum,
den heimlichen Verehrer
und Glückshormonvermehrer.

Als Vater an Berichten saß,
beschloss Andromeda zum Spaß,
paar Toaster zu vernetzen.
Ihr Vater rief im Hetzen

dann noch die Feuerwehr.
Der Laden brannte sehr.
Er legte auf, des Stromes Stoß.
Der Vater starb in ihrem Schoß.

Bärenhüter

Man kannte Berthold auf dem Markt.
Der Parkplatz war stets vollgeparkt,
wenn er mit seinem Beerenstand
sich ein im kleinen Kreise fand.

Von Bauern, Metzgern stets umringt,
der Berthold gern ein Liedchen singt.
So auch geschehen an dem Tag,
von dem man heute glauben mag,

er sei nur die Legende.
Denn Berthold fand sein Ende
durch einen Käseschaber,
der seines Halses Ader

mit dunklem Rot befleckte.
Er noch die Arme streckte,
die 110 zu wählen.
Es waren nicht zu zählen

die Menschen an dem Grabe.
Ein sündhaft schwarzer Rabe
den Markt seither umfliegt.
Ob es des Bertholds Seele sei,

der Fantasie obliegt,
die spinnt man sich im Wahn herbei.
Er wacht über die Güter,
der alte Beerenhüter.

Becher

Ein Igel mag es gerne warm.
Da manche Menschen, reich doch arm,
die Becher werfen in das Gras,
starb einst, was ich sehr traurig las,

ein Igel. Schwer verblutet.
Hat sich gut zugemutet,
ins Becherchen zu kriechen.
Von Neugier wie die Griechen

des Altertums besessen.
Die Suche nach dem Essen
fand dort ihr sattes Ende.
Ein Mädchen im Geblende

der Scheinwerfer entdeckte,
was da im Becher steckte,
und hielt der Mutter hin,
wen fand sie dort darin.

Doch jene schlug schnell aus der Hand
den Igel ihr im Papp-Gewand.
So starb das Tier noch einmal
am dunklen, leisen Wegesrand.

Vom Igel blieb, welch Klasse,
nur seine Biomasse.
Der Becher im Gewimmel
der Sterne steht am Himmel.

Bildhauer

Herrn Hermann war gemalte Kunst
im Lebensrauch der sanfte Dunst.
Als Lehrer am Gymnasium
er dachte sich: Mensch, sei es drum.

Die pubertäre Schülerschar
erfreute zwar manch Leinwandstar
im großen Saal nur wenig.
Herr Hermann fand sie wunderbar,

die Bilder an der Wand.
Was in der Zeitung stand,
will ich nun rezitieren:
Die Ehre nicht verlieren

ein großer Junge wollte.
Als er still horchen sollte
dem Führer, Guide genannt,
war seine Wut entbrannt.

Er schmetterte der Fäuste Wucht
in Johann Rossis Blaue Bucht
von 1608.
Hat sie zerstört. Die Nacht

auf dem Revier verbracht.
Der Lehrer nicht gelacht,
sondern gezweifelt hat.
Nie lief mal alles glatt.

Chamäleon

Die Miete zahlt sich nicht allein.
So willigte einst Kevin ein,
zu nehmen in der Drogerie
die Waren an. Für ein Genie

wie ihn wohl leicht zu schaffen.
Es sollte ihn hinraffen.
Der Damen schicker Schminkbedarf
erforderte den Zeitplan scharf

durchdacht und wohl gehalten.
Worst case sonst wären Falten.
Am Wareneingang nahm er dann
Tag ein Tag aus Kosmetik an.

Des Abends lud ihn Lucy ein,
ihr Gast in der WG zu sein,
um unter Girls zu kommen.
Er schleppte sich benommen

zu jener Lokation.
In der Konversation
mit einem netten Mädel
wurd rot ihm dann der Schädel:

„Womit verdienst du denn dein Geld?",
es zuckte schwer der Make-up-Held.
„Chamäleon nennt man mich Mann,
denn ich nehm viele Farben an."

Chemischer Ofen

Das letzte Date war lange her.
Als Lisa sich des Herzens schwer
doch wieder angeboten,
da schickte man die Zoten

so süß ihr in der App,
dass sie den kleinsten Depp
mit starken Schultern lud
zu sich für etwas Pep.

Sie liebte jedes Essen.
Portionen, groß bemessen.
Ihr Date war Paul, der geile Gaul,
so pries ihn sein Profil.

Im Ofen das Gemüse
schon wärmte ihr die Füße,
wie noch kein Mann gewagt.
Sie hatte doch versagt.

Als Paul mal in die Küche trat,
sah er das große Spray, parat-
gestellt, das Rohr zu putzen
und nicht nur zu verschmutzen.

„Du schwörst beim Essen auf Chemie?"
„Zur Reinlichkeit, ich bitte Sie."
So endete auch diese Nacht
von ihr alleine zugebracht.

Delphin

Es wurde das Orakel
von Delphi ein Debakel
für viele alten Helden.
Zum Kartenlegen melden

sich wollte auch Auguste,
weil sie erfahren musste,
wer konnte ihr das Leben
an jenem Tage geben.

Beim Urlaub in Australien
bekam sie plötzlich Dahlien
von ihrem werten Gatten.
Er wollte sie begatten,

zur Frau davor bekommen.
Sie sank sehr schnell benommen
auf den geteerten Boden,
zerriss sich so die Moden,

mit Stolz am Leibe tragend.
Das Herz ihr schwer versagend
vom Allergieanfall,
erwachte mit dem Knall

der Rettungswagentüren.
Für stattliche Gebühren
sie lag im Hospital.
Der Tauchausflug? Egal.

Drache

Im brodelnden Vulkan sein Haus
fand einst ein Drache. Kam nicht raus,
denn schüchtern war sein Wesen.
Er hatte mal gelesen,

dass Menschen dort schwer weilen.
So nahm er sich die Zeilen
mit keckem Herz zu Herzen.
Er drehte täglich Kerzen,

sich Groschen zu verdienen
in seinen Lava-Minen.
Doch eines Tages kam ein Mann,
Herr Lidenbrock, mal bei ihm an.

Er sprach davon, des Drachen Sein
im Dorf nur machte jeder klein.
Ein Fabelwesen alt, bewiesen
sei da wohl nichts. Er musste niesen,

der Drache. Wahrlich große Flammen,
um die Menschen zu verdammen,
die an Wissenschaft nur glauben
und die Fantasie berauben.

Lidenbrock, der fesche Forscher,
wanderte darauf noch forscher
tief in den Vulkan hinein.
Da wird auch was geschrieben sein.

Dreieck

Das Schamhaar schön zu tragen,
es mag an manchen Tagen
von Vorteil sein. Im Zug
war es der Grund genug

für zwei gar fesche Damen,
die vor den Mund nichts nahmen,
sich bildlich auszutauschen.
Details wild aufzubauschen,

sodass bald jeder gierte.
Den Platz am Fenster zierte
ein junges Mädchen fein
und stimmte fröhlich ein

mit Triangel. Im Chor
man jaulte ihr was vor,
sie sollte artig schweigen.
Die Mutter, diesem Reigen

beiwohnend, schritt nun ein.
Es fielen Schädel klein
der großen Gören krachend.
Die Mutter, grausam lachend,

sich packte Töchterlein.
Es wusch das Tüchlein fein
die sehr verschmutzte Klinge
vom schamvollen Geringe.

Eidechse

Der Eid-Echse das Schwören
liegt wahrlich in den Genen.
Das kaltblütig Beschwören
in den geweitet Venen.

Wann immer ist die Echse breit,
es ist für sie erst recht soweit,
den Eid gleich abzulegen.
Sich halten dran? Von wegen!

Schon nach dem ersten Fässchen Bier
fand man einmal dies Schreiben hier:
„Ich zeuge und bezeuge gern,
egal ob hier, ob nah, ob fern.

Bezeugen kann ich wahrlich nicht
den Sachverhalt. Doch ein Gedicht
aus dem Gelöbnis machen.
Ich schwöre bei dem Lachen

der Lachsfischer in Lappland,
wo man mich mal ganz schlapp fand."
So lasst es uns ihr glauben.
Sie trinkt auch gern von Trauben.

Einhorn

In den Drogerien weilen
sie auf grässlich-hässlich steilen
Ständern oder auch Regalen,
die den Mensch vor harte Wahlen

stellen. Denn mit Einhorn drauf
wird aus dem Produkt ein Kauf.
Shampoo, Zahnpasta und Seife,
alles ätzt hinweg die Reife.

Als ein Einhorn in den Laden
kam, es suchte Öl zum Baden,
juckte ihm das Horn vor Schreck:
Sein Gesicht auf jedem Dreck.

Schwer sein Recht geschunden sehend,
rief es, noch im Laden stehend,
rasend einen Anwalt an.
Dieser sagte „Guter Mann,

so ein Einhorn kann nicht sprechen."
Und das Einhorn musste brechen,
sich von der Justiz verspottet
fühlend. Innerlich verrottet

klagte es sogar in Baden.
Wieder ging das Einhorn baden.
Seither prangt des Tieres Horn
immer in Regalen vorn.

Eridanus

Phaeton liebte Männer gar
und war im Dorf damit der Star
beim Kirchplatz-Talk der Damen,
die keinen Tropfen Samen

zu teilen nur gedachten.
Sie zeigten ihr Verachten
sehr schamlos jenem Buben,
der traf sich drum mit Ruben

nur noch an stillen Orten.
Dem Eridanus-Fluss,
wo vieler Blumen Sorten
verstärken den Genuss.

Phaeton lenkte seinen Wagen,
wie auch schon an so vielen Tagen,
zielsicher und mit Bedacht
in die grüne Uferpracht.

Heute weiß man leider gut:
In dem großen Liebesmut
hat die Bremse er vergessen
beim romantisch Erdbeer-Essen.

Ehe er die Schand begriffen,
trieb das Fahrzeug zu den Schiffen,
die den Eridanus zierten.
Beide Jungen sich genierten.

Fische

Der Manager im Hedgefonds-Sumpf,
er hatte im Büro den Trumpf,
um Reichtum darzustellen.
Es schwamm in diesen Wellen

des großen Goldfischglases
ein Paar von jener Sorte,
die man an solchem Orte
oft fand. Das Geld, er las es,

floss nicht mehr wie gewohnt.
Für Herren, gut entlohnt,
ein wahrlich großes Leiden.
Das kümmerte die beiden

im Glas dort nur begrenzt.
Das Füttern oft geschwänzt
hat jener Anzugträger.
Doch so ein Fisch als Kläger?

Nur selten angehört.
Die Kiemen schon zerstört
vom traurig-trüben Wasser.
Es kam am Ende krasser:

In Wut über den Zahlentanz,
und mancher sagt auch seinen Schwanz,
erklang die Spülung auf dem Klo.
Seitdem besucht er gern den Zoo.

Fliege

Der Autor liebt die Ruhe sehr,
denn mit ihr kann er schreiben mehr.
Doch schwirrt herum die Fliege,
er findet nicht zum Siege.

Erfunden hat man einst sehr schlau
ein Instrument, das diesen Stau
an Last und Lärm zu richten weiß:
Die Fliegenklatsche, geiler Scheiß.

Mit schnellem Schwung und Todesgier
wird dann zu Matsche manches Tier,
nicht fair, doch zu verstehen.
Entstehen ist Vergehen.

Dass trotzdem was vom Leben bleibt,
erkennt der Mensch, der es vergeigt,
den Tatort gut zu wählen.
Weiße Gardinen zählen

dort leider nicht dazu.
Ein starker Schlag im Nu
führt nur zu großen Flecken,
die alle dann entdecken.

So halten wir nun fest:
Die Fliegen sind die Pest,
das Morden nicht das Beste.
Drum schlag ich nicht so feste.

Fliegender Fisch

Am Freitag kommt der gute Fisch,
so ist der Brauch, nur auf den Tisch.
Frau Häberle steht Stunden dann
am Herd und kocht für ihren Mann.

Seit Jahren nennt sie ihr Revier
der Küchenplatte schöne Zier.
Sie hat genug, das Fass ist voll.
Der Mann genießt das Essen toll.

Frau Häberle fasst allen Mut:
„Ich bin dir nur zum Kochen gut.
Was ist mein Wunsch, scheint dir nur Hohn."
Sogleich erhielt sie ihren Lohn

in Form der lauten Wörterwand,
vor der sie wie ein Lämmchen stand
und doch als dumme Ziege.
Ihr war seit erster Wiege

dies Schicksal wohl gegeben.
Dem Herren, stets daneben
im Ton sich gar benehmend
und an dem Sessel lehnend,

mit Leib und Lust gefallen.
„Ich lass mir nicht gefallen
das Elend hier am Tisch."
Da wirft der Mann den Fisch.

Fuchs

Der Fuchs, er gilt als wahrlich schlau,
doch einer stand einmal im Stau
beim alten Döner-Griechen.
Es half ihm auch kein Kriechen:

Er fand dort keinen Happen.
Verzweifelt ob des knappen
Vorrates noch gebunkert.
Der Fuchs hat oft geflunkert

mit seinen Hundeaugen,
um gierig auszusaugen
die Herzlichkeit der Satten.
Er aß von den Fußmatten

so manchen guten Schmaus.
Die Freude war bald aus.
Von seiner Jagd zurückgekehrt,
Herr Jäger Döner hat verzehrt

bei jener Lokation.
Man ahnt das Schauspiel schon.
Es kam so, wie es kommen muss.
Die Nacht erhellte grell ein Schuss.

Das Tier, von jenem Knall erlegt,
noch zitterte im Schock erregt.
Der Jäger wollt beim letzten Bissen
dann nichts mehr von dem Tierchen wissen.

Fuhrmann

In Londons Kutscher-Szene
erpocht so manche Vene,
wenn Gäste fahren wollen
in diesen meist sehr tollen

und reich verzierten Wägen.
So füllen sich die Mägen
am Pferd geübte Männer.
Wir schreiben einen Jänner,

an dem sich zugetragen
nun hat, das kann man sagen,
die seltsame Geschichte.
Ein Mann mit dem Gesichte

vom Kragen groß bedeckt
den Plan hat ausgeheckt.
Er spricht: „Der Kutsche hinterher!"
Der Kutscher meint: „Ja, bitte sehr."

Es kommt ihm der Verdacht:
„Es wäre doch gelacht,
wenn Sie der Sherlock sind?"
Nun lacht der Herr geschwind.

Da kommt es zu dem Schicksalsschlag,
von dem Herr Doyle nicht sprechen mag.
Die Achse bricht, das Pferdchen bockt.
Herr Watson auf dem Boden hockt.

Füllen

Getränke kosten eine Welt,
was einen vor die Frage stellt,
wo man sie trinken soll.
Manch Restaurant stets voll

lässt machen dich die Becher.
So fanden sich paar Stecher
im Bummelviertel ein.
Dort trank man zwar auch Wein,

doch sie nur Limonade.
Manch schöne Damenwade
sie hofften zu erhaschen.
Die lustig-lüstern Flaschen.

Den Fastfood-Tempel dann erreicht,
ist einem das Gesicht erbleicht:
Da stand die Schönheit schon am Hahn.
Er lief zu ihr im Liebeswahn.

„Na, Baby, was machst du denn hier?"
„Ich suche nach dem Knopf für Bier."
Dies schockte jenen Jungen so,
dass er schnell rannte auf das Klo.

Er lief zurück, sah sie beim Füllen
den Geldschein in der Hand zerknüllen.
Seither er flirtet nimmermehr,
doch misst die Braut des Bieres sehr.

Giraffe

Seit Irmgard in der Nachbarschaft
nun neu ist, groß ein Löchchen klafft
in ihres Gartens Hecke.
Es fällt ihr stets die Decke

vor Neugier auf den Kopf.
So macht sie sich den Zopf
und schaut in fremde Gärten.
Verfolgt der Menschen Fährten

auf jeden Schritt genau,
Ihr Kopf ward plötzlich blau.
Es trat ein Scheibenteleton
die Frau, wer hat denn sowas schon

zuhause? Rentner sicher.
Sie blickte auf den Stricher:
Es war die junge Frau.
„Ich sehe ganz genau,

wie Sie stets nach uns blicken.
Beim Fernsehen und Flicken.
Die Rache sei dies Telefon."
Es beulte sich die Beule schon

am Kopf der alten Frau.
Ihr Alltag wurde grau
und sie am Ende weiß.
Woher man das wohl weiß?

Grabstichel

Der Kupferstecher sticht in See
zwar meistens nicht, doch sucht den Klee
im Kupfer. Kupfert ab und staunt,
ist von dem Handwerk schlecht gelaunt.

Als Werkzeug hat er in der Hand
den Grabstichel vom Weidenland,
wohin er einst so gern gereist
und manches Rehkitz hat verspeist.

Er stöhnt und stichelt das Motiv
in seine Kupferplatte tief.
Maria mit dem Jesuskind.
Das muss dann gehen sehr geschwind,

weil jeder diese Szene mag.
Wann dröhnt er, der Vernichtungsschlag,
mit dem die Welt zusammen lacht
und der ihr doch ein Ende macht?

Das irdisch Leiden quält den Mann,
drum fertigt er Gemälde an
mit rötlich-braunem Schimmer.
Er will es einfach nimmer.

So rammt er sich die Klinge
in seinen Hals. Man singe
ein Requiem für Karsten
dort unten in der Schlinge.

Große Bärin

Die Ameise im Hungerwahn
blieb stets auf der gewählten Bahn.
Zum Obstkorb, diesem Zitrusschmaus,
den roch man durch das ganze Haus.

Die Fliesen in der Küche glatt,
sie machten ihre Ängste satt,
doch nicht den leeren Magen.
Schon an den letzten Tagen

sie war sehr oft gescheitert.
Den Horizont erweitert,
den Hunger leider auch.
Am Petersilienstrauch

mit List vorbeigeschlittert.
Vom Grummeln schon verbittert,
erreichte fast die Lust.
Es blieb ihr nur der Frust.

Da saß die Bärin vor den Birnen,
für sie wie schöne, runde Dirnen.
Die Ameise war im Begriff,
zu gehen, merkte dann den Kniff:

Dies war ein Gummibärchen nur.
Aufgrund der strengen Zuckerkur,
sie biss in ein Zitrönchen sauer.
Vergaß im Nu den ganzen Schauer.

Großer Hund

In Hamburg den Erotikshop
eröffnen, das wird oft ein Flop,
weil es dort viele an der Zahl
schon gibt. Man hat die große Wahl.

Als klein Marie des Mittags gar
mit der Mama spazieren war,
entdeckte im Schaufenster sie
die Hundemaske. Ein Puppie

in Lebensgröße. Welche Wucht.
Die Mutter wollte schon die Flucht
ergreifen, doch es schien passiert:
Das Mädchen war interessiert

am Kopfschmuck, bettelte im Chor
nur mit sich selbst der Mutter vor,
dass dieses Teil sei ihr Begier
für ihres kleinen Köpfchens Zier.

Der Mutter Wut nun wurde laut.
Ein solches Accessoire versaut
kam ihr doch nicht ins Hause.
Doch zur privaten Sause,

wenn Töchterlein im Bette?
Man munkelt, jede Wette
sie kam am nächsten Morgen,
sich etwas zu besorgen.

Haar der Berenike

Es sah der Glöckner nie ein Haar,
das für das Auge schöner war
als jenes von der Fremden
im Kirchenschiff zu Emden.

Beim Gottesdienst zur Abendstund
stand offen ihm der stumme Mund,
er musste sie begehren
und von den Strähnen zehren.

So fasste er den Plan sehr klug,
sein wahrlich wohl gewählter Zug
war grausam, doch wer richtet?
Der Dichter nur das dichtet,

was er von oben sieht,
das irgendwo geschieht.
Der Glöckner setzte sich genau
ins Bänkchen hinter diese Frau.

Die Schere in der Hinterhand
im Mantel gut versteckt verschwand.
Doch passend zu der Kommunion,
der Listige es ahnt wohl schon,

nahm er sich mit dem schnellen Schnitt
ein kleines Büschel Haare mit.
Ins Kämmerlein und gute Nacht.
Drum weise Damen: Habet acht.

Hase

Es suchte einst ein Hase
die schöne Blumenvase
für Gänseblümchen klein.
Das sollte schwerer sein,

als er sich erst gedacht.
Der jungen Pärchen Macht
im Möbelhaus missfällt,
wenn man sich daran hält,

was man nur kaufen will.
Verstand regiert, Herz still.
Doch was da lief herum,
den Hasen machte stumm.

Ein Menschenmeer an Freizeitlust,
so wie im Freizeitpark zu Rust,
nur wegen Sitzbezügen.
Der Hase wollte rügen

und rächte sich dann gar.
Man wusste nicht, was war
der Grund dafür gewesen,
dass in der Zeitung lesen

man konnte später dann:
Der Küchenplaner-Mann
starb an dem Stromschlag schwer.
Ein Kabelbiss, lang her.

Herkules

Herr Kules fand sich richtig cool,
drum kaufte er zum Reim den Pool.
Ein Becken hielt er für zu groß,
dann gleitet immer das vom Schoß,

was man sich mitgenommen hat.
Vanilleeis macht dich nur satt,
wenn es noch nicht zerflossen ist.
So lebt es sich als Crunchy-Christ.

Herr Kules war ein Herrchen auch,
sein Hündchen pisste grad im Strauch,
als jener Pisser Kules stieg
aus seinem Nass zum feuchten Sieg.

Der Gummimatte schwacher Halt
ihn hatte alsbald in Gewalt.
Im hohen Bogen ausgerutscht,
die Hose ist im schnell entflutscht.

Das Hündlein, hungrig gar vom Pissen,
dann stürzte sich, im falschen Wissen,
dass es Würsten gab zum Becken
und begann es froh zu necken.

Der Kules jaulte nun sehr bitter,
war er fortan doch nun ein Zwitter.
Und sein Hündchen? Das war satt.
Setzte glatt sein Herrchen matt.

Indianer

Ein Kartenhaus zu bauen,
die Ängste zu verstauen,
war Oma Ilses Flucht
aus schwerer Sorgen-Sucht.

Die Stille dieser ruhigen Hand
auf ihrem Weg ins Friedensland
schien Enkel Emil bieder.
So leistete er Wider-

stand und ging sich verkleiden.
Der Karneval den beiden
gab sonst die Lebenslust.
Er wollte Omas Frust

damit wohl etwas lindern.
So ist das mit den Kindern:
Sie meinen es zwar wirklich gut,
doch lösen aus die Schreckensflut.

Geschehen auch in diesem Fall.
Als Emil mit dem Federschopf
leicht kitzelte der Oma Kopf,
da musste niesen sie. Ein Knall.

Das Kartenhaus schnell kollabiert.
Die Oma hat dann schnell serviert
manch Spiegelei, was stets entspannt.
Dies ist auch Helga gut bekannt.

Jagdhunde

Die Katzenmama nur zu sein
war Kim-Yvonne gedacht zu klein.
Als Businesslady etabliert
war sie zuhaus allein zu viert.

Drei Hunden schenkte sie ihr Herz.
Dass diese doch kein Taschenscherz
nur waren, wundert keinen.
Beim Supermarkt anleinen

sie musste stets die Zarten.
Die wollten bloß nicht warten
und rissen sich mit Kräften los.
Die Aufregung war plötzlich groß.

Die Fleischtheke schnell anvisiert,
keiner der Drei hat sich geziert,
vom rohen Glück zu naschen.
Es brachen viele Flaschen

an Rotwein auf dem Boden.
Das Frauchen wollte loben
und konnte doch nur mahnen.
Versicherung absahnen?

Womöglich kaum zu schaffen.
So blieb ihr nur das Gaffen
der leicht verstörten Kunden.
Der Schreck war überwunden.

Jungfrau

In Chats, da treibt sich mancher rum,
der ist allein und auch noch dumm.
Als „Lena98" kam,
da wurden manche Herren zahm.

„Hey Mäuschen, haste Bilder?"
Man ahnte es, ein Wilder.
Es ließ sich „Lena" auf ihn ein,
sein kurzer, frecher Flirt zu sein.

Da schrieben schon drei neue Chicks,
ob sie die Webcam hat? Für Ficks
war dort wohl alles recht.
Dass „Lena" gar nicht echt,

wohl wollte keiner ahnen.
So zog verbal die Bahnen
sie dort im Chat. Als einer,
es war ein ganz gemeiner,

sie fragte, ob sie Jungfrau sei,
da sehnte sie Niveau herbei.
Vom Sternzeichen die Jungfrau gar,
sie gab die Antwort allzu wahr.

Das freute jenen Michael,
wohl selbst ein jungfräulich Juwel.
Nur „Lena", die war stets schon wild
und noch dazu ein Mannesbild.

Kassiopeia

Es hasste Kathi wie die Pest
das örtliche Gemeindefest,
weil sie dort an der Kasse saß.
Verkaufte Bons für manchen Fraß

und süffisanten Tranke.
Sie erntete zum Danke
nur Sprüche alter Herren,
die an der Jugend zerren.

Sie nimmermehr erreichen.
Die Kohle einzustreichen,
man macht oft dumme Sachen.
Es hallte noch das Lachen

von Karl-Heinz ihr im Ohr,
als sie dann wohl verlor
vor Zorn ihren Verstand.
Von außen im Gewand

des lieben Fräuleins bleibend,
die Wut sich einverleibend,
sie gab ihm Bons für Wasser.
Er wollte sie für Bier.

An Dioptrien vier
er hatte, doch die Brille?
Vergessen. Auch das Essen
war falsch. Des Ruhmes Stille.

Kepheus

Im Spritzenhaus ein Elefant
war Kepheus und auch Kommandant.
Wer Mann und Mannschaft tapfer führt,
dem Ehre lebenslang gebührt.

Was jedoch widerfahren ist
dem Kepheus, ist nicht Schicksals List,
sondern die Dummheit, blau und roh.
Er war ein wirklich sparsam Floh

und flitzte nachts zu manchem Baum.
Dort klaute Äpfel er und Pflaum.
Die Drehleiter als Helferlein
lud ihn zu großen Taten ein.

Doch eines Nachts, die Tat vollbracht,
da gab der alte Tor nicht acht
und setzte sich auf einen Knopf,
der schaudern ließ so manchen Kopf.

Das Martinshorn, es heulte laut.
Aus manchem Fenster hat geschaut
ein um den Schlaf Gebrachter.
Den großen, roten Frachter

er durfte nie mehr lenken.
Noch heute daran denken
muss jeder in der Wehr.
Das ärgert Kepheus sehr.

Kiel des Schiffes

Den Kiel des Schiffes schon aus Holz
gebastelt hatte Herbert stolz.
In jedem Magazin ein Teil,
es dauert eine ganze Weil,

bis jenes billig Boot gebaut
und im Regal den Tag ergraut.
Gerlinde war es gar nicht recht,
dass Gatte Herbert nicht nur echt

viel Alkohol zum Bauen trank:
Der Klebstoff, aggressiv im Duft,
verpestete die ganze Luft.
Ein allzeit beißender Gestank.

Dem Herbert war das wohl kein Graus,
er suchte sich dies Leben aus.
Die Wünsche-Werft als Lebenstraum.
Vom Bier am Mund ein Bart aus Schaum.

Gerlinde hatte bald es satt
und setzte ihren Gatten matt.
Ja, wie? Dies ahnt die Taffe schon.
Als er den Glanz des Schiffs als Lohn

vor Augen hatte, stieß den Kahn
sie um in ihrem Rachewahn.
Zum Schluss blieb Herbert nur der Kiel.
Die Ehejahre? Wohl zu viel.

Kleine Wasserschlange

Die junge Lisa schwamm sehr gern,
da lag es für die Eltern fern
nicht sehr, sie in den Schwimmverein
zu stecken. Sie fand das gemein.

Nach jeder Woche mehr frustriert
hat sie sich vor dem Bad geziert.
Am Ende ging sie nimmermehr.
Das wunderte die Eltern sehr,

weil sie doch gerne Schwimmen ging
und stundenlang in Ohren hing
dem Papa, bis er mit ihr dann
schnell folgte seinem Ruf als Mann.

Nach zehn Minuten meist im Nass,
da hatte Lisa schon ein Fass
an Limonade und Pommfritz.
Den Vater traf sogleich der Blitz.

Es war das Schwimmen nicht, der Fraß
nur machte seiner Lisa Spaß.
Die Kleine, aufgeflogen.
Die Eltern fast betrogen.

Von diesem Tage an den Sport
ließ Lisa auch als Teenie fort,
denn glücklich wird sie nur beim Schmaus
vor dem PC allein im Haus.

Kleiner Bär

Ein kleiner, wirklich kleiner Bär,
der gerne mal ein großer wär,
oft hatte Bärenhunger.
Das ewige Gelunger

um den Salat ihn schlauchte.
Die eisern doch gebrauchte
Ration an Fleisch wohl fehlte,
was er niemals verhehlte.

Im Bären-Kindergarten,
da gab man all den Zarten
nur Veggie-Patties gar,
um so als Social-Star

in Jahren mal zu taugen.
Den Lebensgeist aussaugen
er wollte ihnen drum.
So kroch der Kleine stumm

zu jener groß Toilette,
auf der die sonst so nette
Erzieherin sich leerte.
Man hörte dann, es zehrte

er dort von ihrer Leber.
So sind die stummen Eber.
Der Kindergarten schloss,
nachdem man auf ihn schoss.

Kleiner Hund

Es scheint, Frau trägt den kleinen Hund
in ihrer Tasche aus dem Grund,
dass er nicht laufen will. Gefehlt!
Weil man nur so zur Sippe zählt

der Püppchen mit den Puppies gar.
Das irritiert den einen zwar,
den anderen mitnichten.
So hilft ihm auch kein Richten.

Die Taschen bleiben voll.
Für Frauchen ist das toll,
für Hündchen nur bedingt.
Die Welt da oben klingt

doch gänzlich nur gelogen.
So fabelhaft verzogen.
Sich selbst nur angelogen
hat wohl, wer diese Wogen

der Wohlstandswellen reitet
und mit dem Hündchen schreitet,
das Gassi noch nie ging.
Als sich einmal verfing

ein Riemchen von dem Taschentraum,
da staunte Lucy treudoof kaum.
Dem Lederlappen, schnell im Fall,
entsprang das Tier zum Glück. Welch Knall.

Kleiner Löwe

Der kleine, zahme Löwe
wär gerne eine Möwe
geworden, doch die Erde
nur schenkte ihm die Herde.

Ein Flügelpaar mitnichten.
Er liebte die Geschichten,
erzählend von der Ferne.
In Afrika nur Wärme

dem Haarigen war geben.
Im Traum fand statt sein Leben
am Deich des Ostseestrandes.
Das Polaroid, er fand es

mit dem Motiv des Ortes.
Und mächtig schon des Wortes,
er fragte in das Rudel,
was zierte auch ein Pudel,

ob er verreisen darf?
Man kritisierte scharf
den Kleinen. Große Träume
er lieber mal versäume.

So auch die Nordmanntanne
inmitten der Savanne
blieb ihm zum Graus verwehrt.
Die Langeweile zehrt.

Kranich

Der Laie denkt, er ist ein Tier.
So taugt dies Schriftbild nicht zur Zier,
dafür jedoch zum Geistgewinn,
wenn man erkennt des Wortes Sinn.

Der Kranich war ein Kran, sehr groß.
Hielt tapfer aus des Windes Stoß,
von allen Seiten attackiert.
Kein Lüftchen hat ihn abserviert.

Sein Schicksal war die grausam List.
Man sagt, der Mensch, der böse ist,
kennt keine Lieder. Jene doch,
die buddelten ein tiefes Loch

am Standort jenes Kranes, nicht.
Als hinterm Horizont das Licht
schon langsam zu erahnen war,
da stutzten erste Pendler zwar,

doch schöpften nicht Verdacht.
Nicht überlebt die Nacht
hat jener Stahlkoloss.
Herr Herrmann war der Boss

im Viertel dort, und Villen,
die nur die Reichen stillen,
manch Ärmere doch plagen,
verdarben ihm den Magen.

Krebs

Von links nach rechts im Sauseschritt,
da gehen nicht nur Kinder mit.
Auch Karl, der Krebs, ihm juckt da Bein.
Er will nicht mehr alleine sein.

Der Kindergarten-Ausflugstag,
ist der, den er am liebsten mag,
denn dort bekommt er oft Besuch.
Der Pädagogikkräfte Fluch.

So manches Kind hat schon erfasst
einen Scherenschnitt, sehr grob verpasst,
doch lieb gemeint von Karl am Strand.
Da flattert schon Maries Gewand

im satten Sonnengelb herbei,
den Kleinen zu bestaunen.
Da reißt ihr Karl das Kleid entzwei,
der Kinder Münder raunen.

Frau Hiberkusch fasst das Gelenk
von klein Marie. Welch ein Geschenk,
gleich nochmal zuzuschlagen.
Da lässt das Mädchen tragen

sich weinend in den Hort.
Die Schmerzen sind schon fort,
die Neugier aber nicht.
Bald sucht sie wieder dort.

Kreuz des Südens

Ein Friedhof ist als Date-Schauplatz,
so mag man glauben, für die Katz.
Doch zwei Vampiren war das gleich,
den stillen Saugern, blass und bleich.

Zusammenfinden an dem Ort,
wo wechselt man das erste Wort,
ist stets ein Unterfangen.
Schon oft vorbeigegangen

ist Graf von Schaf am Weibe,
das er zu seiner Bleibe
für ewig machen wollte.
Doch dieses Mal, da sollte

das Treffen besser klappen.
So dachte sich der Lappen,
er schreibt der gar nicht Prüden:
Am Kreuz in Richtung Süden.

Zur Mitternacht am Südeingang,
da wurde Graf von Schaf sehr bang.
Hat sie ihn wohl versetzt?
Nein, da kam angehetzt

ein Mädchen, jung und abendschön,
das schnaufte unter dem Gestöhn
der Lungenflügel, engelsgleich.
Man wurde rot und blieb doch bleich.

Leier

Orpheus dachte „Wo zum Geier
krieg ich eine neue Leier?"
Fündig wurde, kaum zu glauben,
er bei Ludwig, diesem Tauben.

Seine alten klingend Saiten,
die verlor er auf den Weiten
eines Meeres. Argonauten
ihm wohl allzu sehr vertrauten.

Den Sirenen zwar entflohen,
rutschte er schwer aus auf rohen
Eiern, bei dem Sturm zerbrochen.
Sehr zum Ärger von Koch Jochen.

Doch zurück an Land gekommen,
zog es jenen freilich frommen
Orpheus wieder zu den Klängen,
um mit ihnen abzuhängen.

Ludwigs lustig Leier-Laden
fraßen damals fast die Maden,
denn das Geld war knapp geworden.
Früher noch Studentenhorden

hatten ihm den Schlund gefüllt
und nicht Tabak nur geknüllt.
Orpheus aber kaufte keck
all die Leiern dann per Scheck.

Löwe

Gut gebrüllt und schlecht gerufen
hat ein Löwe, der auf Kufen
einst die Schlittschuhbahn begehrte
und die Vorfahrt stets verwehrte

dem, der war dem Eise mächtig.
Dieser Ruf war sehr verdächtig,
denn der König war im Schwanken.
Konnte es der Frau verdanken,

die in Zebra-Leggins schwebte
so, dass ihm das Herzchen bebte.
Bald das Gleichgewicht verloren,
und zum Sturz schon auserkoren,

blieb dem Brüller nur das Schreien,
das da galt den lüstern Laien,
die sich händchenhaltend zogen
am Geländer groß gebogen.

Der Kontakt war unausweichlich.
Als der Löwe alsbald weich sich
auf das Fell schon fallen ließ,
hörte er den Wächter: „Schieß!",

dröhnte es aus einem Munde
und so starrte bald die Runde
auf die rote Lache nieder.
Leggins-Lena kam nie wieder.

Luchs

Augen wie ein Luchs zu haben,
wünscht man sich an manchen Tagen.
Wo die Neugier packt den Blinden,
kann er nur noch Trübsal finden.

Könnte alles man erblicken,
es mit Augenlicht anklicken,
wär die Vielfalt wohl erschlagend,
Fantasien überragend.

Mit den Pflanzen angefangen:
Mancher hat sie angegangen
schon mit einem Mikroskop.
Hobby für den Misanthrop.

Oder gar des Weltraums Weiten,
die sich über uns ausbreiten.
Unter uns ist auch mal oben.
Außensicht lässt immer toben.

Auch der andern Menschen Denke
ließe zucken die Gelenke,
wenn der Einblick gar gegeben.
Was bewegt sie denn im Leben?

Jeder denkt, kaum einer schreibt,
so dass davon was übrig bleibt.
Es sieht so aus, als blickt man stumm
und stammelnd in der Gegend rum.

Luftpumpe

Den Fahrradausflug gar bereut
hat Gerda schnell. Zunächst gefreut
sich sehr über das Fahrgestell,
da blendete die Sonne hell

sie kurz und gleich schon fiel sie stumpf.
Es schmerzte ihr der ganze Rumpf.
Manch Tropfen floss vom blauen Blut
und tief in ihr entsprang die Wut.

Was führte zu dem faulen Fall?
Es waren Flaschenscherben, Knall,
da zischte ihrer Reifen Luft
mit großem Druck zur Bikerkluft

und gleich daran vorbei.
Nun hatte sie den Brei,
zum Glück auch eine Pumpe.
Was sollte das Gelumpe?

Sie zog den Kolben weit heraus
und ebenso die Kleidung aus,
den Ballast loszuwerden.
Sie ritt dann wie auf Pferden

die Pumpe. Früher Besen
bei Hexen stets gewesen
die flotten Feger sind.
Es glotzte doof ein Rind.

Maler

Man hörte weit schon sein Gegröl,
der Maler wollte kotzen.
Ihm aus ging sein gebrauchtes Öl,
die Werke hinzurotzen.

Der feine Stoff Oliventraum,
den er zu nutzen pflegte,
war nur erhältlich in dem Raum,
wo ihn Giovanni hegte.

Als Feinkost-Fritze keck bekannt
bat er das dolce vita an.
Die hohen Preise nicht verkannt,
kam man an beste Ware ran.

So lief der Maler voller Stolz
in Nahrungs-Napoli geschwind
und legte hin ne Menge Holz,
wo Sparer nicht zuhause sind.

Daheim dann wieder: Pinsel raus!
Die Mona malt sich nicht allein.
Die Wiederkehr liebt's Hundelein.
Es scherte mit den Pfoten aus

und stieß den Krug Olivensaft
auf jenes Bild. Der Maler schrie.
Mal zu vergeben ist die Kraft,
die macht den Gönner zum Genie.

Mikroskop

Im Kleinen liegt die große Welt.
Es sei denn, nur ein Zirkuszelt
ist dein Revier, dann stimmt es nicht.
An alle denkt wohl kein Gedicht.

Die Biostunde macht meist Spaß,
wenn Theorie und Praxis maß-
voll abgewechselt treten auf.
Doch auch manch Unheil nimmt den Lauf.

Geschehen bei Frau Mendelssohn,
die kannte auch den Mendel schon,
ist einst ein Trübnis, ach so klar,
dass es vorherzusehen war.

Doch man vertraut, man lässt sich ein.
Kontrolle könnte einfach sein.
Frau Mendelssohn doch gab dem Hans
ein Stück der Leber einer Gans.

Den Kleinen freute das wohl sehr.
Er hatte keinen Hunger mehr,
als seine Lehrerin da stand
und nichts mehr von der Leber fand.

Dem fein Gourmet ist alles recht.
Frau Mendelssohn war dieser Hecht
ein Grund dann zu der Kündigung,
die glich einer Entmündigung.

Netz

Ein Fischer hatte mal kein Netz.
So hörte er das dumm Geschwätz
des Schwiegervaters nicht. Ja, echt:
Er war ein wirklich schwerer Hecht.

Ganz ohne Netz wurd es dem Fischer
auf seinem Kahn zum Glück nicht frischer,
denn er lag im Hafen. Offen
für ein neues Netz. Doch Hoffen

half da nichts, denn ohne Netz
brach er das Traditionsgesetz,
was die Familie Fischer hatte:
Morgens kurz nach zwei die Latte,

dann zur See und zum Großmarkt,
vor dem oft manch Transporter parkt.
Der Fischer aber mit Galopp
lief schnell zum nächsten Handyshop.

Das schnellste Netz? Klingt wie ein Traum.
Doch nur 5g? Sardelle kaum.
Groß war der Schreck, als das Paket
bald zu ihm kam. Vom Wind verweht,

so leicht war es. So fliegt kein Netz.
Der Fischer machte auf: Welch Graus!
Das sah ihm wie ein Smartphone aus
für Schwiegervaters groß Geschwätz.

Nördliche Krone

Ein Gänseblümchen-Krönchen ist
des schwer verliebten duftend List,
sein Röslein zu begehren.
Es könnte sich zwar wehren

wie damals auf der Heiden.
Beim Picknick auf den Weiden
soll man romantisch werden.
Dort zwischen all den Herden

aus Grashalmen zu fummeln,
lockt wohl nur an die Hummeln.
Doch kann man das verwehren?
Vom Haarkranz aus den Knospen,

gebläht vom Wind gen Osten,
wohl möchte jeder kosten.
Viel Stil mit Stiel. Ein Rädchen,
dem auch die Spinnenfädchen

nicht widerstehen können.
Statt ihr den Schmaus zu gönnen,
erschrak einst eine Dame,
von der mir nur ihr Name

noch blieb in Kummer-Minne.
der ich mit Freude diene.
Wenn ich mich recht entsinne:
Ihr Name war Sabiene.

Oktant

Einst in der Schifffahrt navigiert
hat mancher Mann oft per Oktant.
Die weiten Winkel fein studiert
wie ein klein schleichend Elefant.

Wenn Sonne, Mond und Sterne hell,
so weit entfernt und nahbar wohl,
erleuchteten den Himmel schnell,
man schaffte sicher es zum Kohl.

Ganz fett und saftig. Hungerlast
oft wurde der Neugierde Grab.
Den letzten Drive-in knapp verpasst,
das brachte viele schon auf Trab.

Doch der Oktant wies jeden Weg.
Vorausgesetzt nicht auf dem Steg
er wird vergessen. So passiert
dem Leichtmatrosen. Assistiert

hat er mit Herz, doch ohne Kopf.
Des dageblieben Mädchens Zopf
noch fesselte den jungen Geist.
Man ahnt es schon: Nicht sehr ergreist

ist jeder dort auf diesem Schiff.
Die erste Nacht kam bald herbei,
man striff das unbekannte Riff.
Es blieb der Witwe schriller Schrei.

Orion

Nun weilt des Jägers Jägerherz
am Himmel hoch. Mit Schulterschmerz
quält sich der Alte noch herum.
Das liegt an Beteigeuze. Dumm,

denn eine Supernova fiel
doch aus. 2020 viel
erwartet hat der Astronom,
am Teleskop er rief „Komm schon!"

Dem Sternlein stieß dies sauer auf,
es lachte lüstern bei dem Lauf
der Dinge, wurde heller dann.
So ist ein sehr beleidigt Mann.

Orion, als Erotikgeist
fast so erfüllend wie von Kleist.
Der Kohl-Hass macht den Gurken-Gaul
beim Krautkopf-Klopfen stets sehr faul.

Es brummt der Hase, der im Busch
sorgt für der Lüste Taumel-Tusch,
beim Anblick jenes Gürteltiers.
Und auch das Schnauben manches Stiers

steigt in der Nacht zum Himmel auf,
bereut der späten Stund Einkauf.
Der Gürtel enger schnallen?
Steht immer, wirklich allen.

Paradiesvogel

Er fliegt durch jedes Raster,
weil er ganz anders ist
und hat so manches Laster,
an dem man ihn nur misst.

Zu segeln nach dem Winde,
hat er schon oft probiert.
Doch tief in ihm das Kinde
dagegen rebelliert.

So dreht er seine Runden
mit manchem schrillen Streich.
Das Glück in sich gefunden.
So tut es ihm doch gleich.

Pegasus

Bissig war die kleine Stute.
Fehlte es ihr doch am Mute,
ihre Flügel auszustrecken.
Zitterte nervös am Becken,

ihre Mutter zu enttäuschen.
Voller Angst vor den Geräuschen,
die am Himmel hässlich hallen.
Mama Stute den Gefallen

ihrer Tochter tat und shoppte
Ohrenschützer. Die Bekloppte
musste wahrlich große finden,
denn die Kleine sollte winden

sich ganz oben ohne Zaudern,
bei dem Flug die Dinge plaudern.
Beide nahmen galoppierend
und den Himmel anvisierend

Anlauf, hoben ab und flogen.
Ihre bunten Bahnen zogen
sie, die Stunden gar vergessend
und auch zuckerwatteessend.

Ein mancher meint, sie fahren fort
noch heute froh an diesem Ort.
Die Flügel über uns gespannt,
zu denen man schaut auf gebannt.

Pendeluhr

Das Pendel pendelt pausenlos,
Sekunden zu sezieren.
Es ist des Menschen schweres Los,
sein Leben zu verlieren.

Nun mag dies auch ein Antrieb sein,
die Stunden gut zu nutzen,
anstatt im Trübsal ganz allein
die Jahre zu verputzen.

Die Pendeluhr, ein Kasten Holz,
hat viele schon begleitet.
So manchem Toren voller Stolz
sein Ende unterbreitet.

Sie selbst jedoch schlägt immer fort,
genießt all die Sekunden.
Dass sie einmal an bösem Ort
im Sperrmüll wird gefunden?

Das weiß sie nicht. Noch nicht. So alt
entzieht sie sich doch der Gewalt,
die den Lebendigen ereilt,
wenn er gar ahnungslos verweilt.

Das Pendel pendelt ohne Rast,
die Uhr verkennt die schwere Last.
Die Zeit, die Zeit, ist bald soweit.
Fürs Ende doch niemals bereit.

Perseus

Bekam den Spiegel als Geschenk,
sich eitel zu betrachten.
Der langen Haare schwerer Schwenk?
Ihm war stets nachzuschmachten.

Dass Perseus nicht ein Mannesbild
voll Damenliebe war,
das wurde einem Frauenbild
verhängnisvoll dann klar.

Medusa hieß die Schlangenfrau,
die liebte Schlangen. Ganz genau.
Doch die von Perseus keine Gier
entfachte. War er doch nur hier,

die Herren zu betören. Wild
schwang er sein liebes Spiegelschild.
Dies ging für viele Male gut.
Medusa doch im Übermut

den Neid nicht konnte zügeln.
Da neben ihren Hügeln
sie liebte ihre Lippen,
ließ sie den Spiegel kippen,

sich selber zu bestaunen.
Es zog durch sie ein Raunen.
Der Perseus war allein,
Medusa nur aus Stein.

Pfau

Der Pfau steht hilfreich oft parat,
dies liegt an seinem guten Rat.
Wenn bunt die Tipps auch manchmal sind:
Er freut sich stets so wie ein Kind,

das dreizehn Kugeln Eis verschlingt,
bevor es mit dem Kotzen ringt.
Auch Älteren erzählt er klug,
welch Tat bald füllt den Glückeskrug.

Der Pfau ist schlau und weiß genau,
welch Unglück führt zum Nervenstau,
der zu umfahren einfach ist,
wenn du nicht zu betrunken bist

vom Leiden. Weiden in dem Stroh
des Mitleids macht wohl niemals froh.
Das Tier im Hier weiß gut Bescheid
und schwingt dabei seiner Federkleid.

Ihm selbst jedoch fehlt jedes Ziel.
Es zu erraten, fordert viel.
Sich umzudrehen, fällt ihm schwer.
Dort wartet nur ein Federnheer.

Er hätte lieber ohne Glanz
und einen bunten Farbentanz
den besten Rat beherzigt:
Hör nicht auf deinen Schwanz.

Pfeil

Es war die Straße einst gesperrt.
An vielen Nerven hat gezerrt
die Umleitung, denn durch das Feld
so mancher schlich. Nicht mal für Geld

ein Weg, den man in Kauf dann nimmt,
weil stumpfes Wackeln müde stimmt.
Erst recht, weil auf der Hinterbank
an jenem Tage Justus trank

den Milchkaffee, vom Rasthof gar,
der ein Kaffee mit Milch nur war.
Ein Schlagloch tat, was ihm bestimmt.
Man munkelt, dass noch heute nimmt

so mancher jenes Heulen wahr,
das war zu hören. Grell und klar.
Die Hose nass, die Eier heiß.
Die Stirn ganz feucht, nicht nur vom Schweiß.

Als ob dies wäre nicht genug,
kam böses Schicksal noch zum Zug.
Nach langer Fahrt mit warmem Schritt
es teilte man im Rundfunk mit,

dass frech ein Strolch den Schilderwald
zur Umleitung vertauscht. Und bald
stand jeder, wo er fuhr einst los.
Nur dieses Mal mit nassem Schoß.

Phönix

Fröhlich trug der Bub die Asche
seines Opas in der Tasche.
Man verbrannte und verbannte
jenen Herren, den man kannte

als den Angelsachsen-Fischer.
Kratzend klang der Scheibenwischer
von des Vaters Kastenwagen,
den gestohlen er vor Tagen,

auf der Fahrt zum Ostseestrand,
wo Uroma Ruh schon fand.
Leider jedoch nicht als Asche,
denn die alte Labertasche

wollte den Pilotenscheine
nicht abgeben. An die Leine
fühlte sie sich gar gebunden.
Jahre später man gefunden

hat dann ihre Wasserleiche,
die kühl hing in ihrer Bleiche
an des Fischerjungen Haken.
Heute noch hat er das Laken,

was als Tischtuch seine Stunden,
die er einst mit ihr gefunden,
ihm gar täglich spürbar macht.
Und kippt ein Glas, wird nur gelacht.

Rabe

Der Rabe vom Laternenmast
nicht eine Kleinigkeit verpasst,
kann sich beliebig drehen
und gierig alles sehen.

So gab er einem Kolibri
vor Jahren mal ein Alibi,
als dieser war verdächtigt,
natürlich unberechtigt,

sein Weibchen zu betrügen.
Er strafte ihre Lügen
mit einem strengen Satz
zu ihrem neuen Spatz.

Mit dem besagten Kolibri
sprach er dazu bis heute nie.
Der Rabe, er will Gutes,
ist niemals frohen Mutes.

Die Einsamkeit ist sein Revier,
er teilt es mit so manchem Tier
und ist doch nur Zuschauer.
Dem Leben auf der Lauer.

Schiffskompass

Im nassen Nass sich eine Nadel
nur windet, wenn der Kurs abweicht
des alten Schiffs vom schweren Adel,
stolz thronend auf dem Wasser seicht.

Das Kap der Kuppen aufzusuchen,
wo manch ein Kopfschmerz ziert ein Haupt,
das hält ihn fest im lauten Fluchen
und nicht mehr an den Frieden glaubt.

Im nassen Nass sich eine Nadel
beeindruckt zeigt doch nur bedingt,
wenn mancher Herr, ganz ohne Tadel,
ein Loblied auf sich selber singt.

Entdecken viele ferne Länder,
erkunden manche fremde Art,
die an der Erdenscheibe Ränder
erwecke die Gefühle zart.

Im nassen Nass ein Nashorn niest,
wenn man mit Wasser es begießt.
Geplagt schon bald von einem Schnupfen
beginnt es, jenen Herrn zu rupfen,

der ist nur neidisch auf das Horn.
Es nimmt ihn gleich per Horn aufs Korn.
Und die Moral von der Geschicht?
Vertraue einem Kompass nicht.

Schild

Der Ritter was im Schilde führt,
als er die holde Maid berührt.
Ihr weites Kleid nun doch so nah.
Entzückt, seit er es erstmals sah.

Da war die Holde Zwölfe nur
und unser Rüstungsfachmann stur
im Neid, weil Ritter Neidhart ihr
gern schenkte einen Strauß zur Zier.

So manches Tier vergrub den Kopf
in jener jungen Dame Zopf.
Der Neidhart spielte auf der Leier
die Lieder über Straußeneier.

Der Ritter, um den es hier geht,
war damals einfach viel zu spät.
Doch mit den Jahren wächst Verstand
in mancher einst umtriebig Hand.

Die Holde blickt den Ritter an,
an ihn kommt Neidhart nicht mehr ran,
der nun schon um die siebzig ist.
Für ihn ein wirklich großer Mist.

Der Sieger aber feiert wild,
durchbricht per Lanze manchen Schild.
Bei seiner liebsten Klingel steht
jedoch, dass sie auf Reisen geht.

Schlange

Der langen Schlange bange war.
Ist sie doch jeder Pause Star,
in der manch frommes Frauenbild
sich zankt um die Toilette wild.

Doch diese Schlange war real,
einst mal geboren in Nepal
und dann nach Chemnitz immigriert
wurd sie vom Frauchen abserviert.

In Rache roch die Schlange Blut
und lauerte der Brüste Brut
am feinen Rockkonzerte auf,
wo in der ersten Pause Lauf-

maschen zieren manches Bein.
Es würde einfacher nie sein.
So roch und kroch das Knorpelding
in einem leicht elliptisch Ring

ums erste Opfer, ausgewählt.
Die Lebenszeit? Mit List gezählt.
Hacken hinauf.
Kacke im Lauf.

Ins Nylon einnistend,
die Giftzähne blitzend.
Im panischen Schreien
ein Venen-Gedeihen.

Schlangenträger

Ein Gummibär in Schlangenform,
er definiert sich durch die Form
und bleibt ein gutes Gummi doch.
Es fand der Peter im Schlagloch

der Haltestelle jenen Schmaus.
Er kannte sein Immunsystem,
dem war es öfter unbequem,
doch kam stets unten alles raus.

An diesem Tage gab der Bub
sich dennoch einen neuen Schub,
denn dieser Gummi lag im Matsch.
Von außen sagt der Laie: Quatsch.

Doch Peterlein, in Hungers Qual,
der hatte einfach keine Wahl,
nahm dieses Mahl auch dieses Mal.
Ein Zeitsprung: Er studiert dual

seit Kurzem Biowissenschaften.
Die Kurzen ihn schon jetzt hinrafften.
Trunken trotzt er der Klausur
und denkt doch schon an seine Kur:

die Gummibärchen in der Tasche,
eingelegt in eine Flasche
weißen Rum. Discountertüten,
all sein Elend auszubrüten.

Schütze

Arm, Brust, Kopf und auch Kniescheiben
werden nicht für immer bleiben.
Gierig greift der Tod nach jenen,
auch wenn sie ihn nicht ersehnen.

So bekam mal auf die Mütze
einst ein wirklich scharfer Schütze,
der da auf der Lauer lag.
Dachte an den Sarkophag

für das Opfer schon gezimmert,
dem noch gar nichts hat gedimmert.
Dass am Ende er im Sterben,
freute maximal die Erben.

Seine Beute observierend
und dabei schon fast erfrierend
nahm er nur ein Huschen wahr,
ein metallisch Klicken klar.

Donnernd dröhnte es im Walde,
als das glücklich Opfer sprang
schnell hinfort. Der Schütze, Halde
findend nicht, zu Boden bang.

Wer den Schützen hat erschossen,
ist im Lauf der Zeit verflossen.
Nur das Reh, habilitiert,
seitdem des Leides sich nicht ziert.

Schwan

Mein lieber Schwan, oh, wie grazil
durchschwimmst du diesen Fluss. Nicht Nil,
nur Neckar, braun dein Federkleid.
Ertränkst dich nicht im Futterneid,

den ich soeben spüre grob.
Ich warte nicht einmal auf Lob,
dass ich so fleißig nehme ab
das Telefon im trotzig Trab

als Sekretärin, rausgeputzt.
Hat man die Flügel je gestutzt
dir weißes, weises Vögelein?
Wem fielen solche Taten ein?

Dem hässlich Entlein bin ich Lust.
Bei mir sorgt selbiges für Frust
und doch verfolgt es mich, auch jetzt.
Im Personalbüro verpetzt

und doch nur müde hinnotiert
So werde ich bald abserviert,
wohl neben diesem Schwan ertränkt,
an meinem schönen Hals erhängt.

Mein lieber Schwan, verloren bin
erst ich, dann meines Lebens Sinn,
den er in mir gefunden glaubt,
indem er mir die Unschuld raubt.

Schwertfisch

Es schwamm sehr schnell der alte Bert
und knallte dann voll in das Schwert,
das im Aquarium versenkt
den Müden von dem Schlaf ablenkt.

Im Personalbüro zu Tisch
gab es des Mittags öfter Fisch.
Herr Haselnuss, die taube Nuss,
er machte mit Bewerbern Schluss,

Bewerberinnen ließ er ein
in seinen Keller voller Wein.
Zuhause, wo der nächste Fang
oft machte die Forelle bang,

wir er sein Weibchen nannte meist.
Kein Wunder, wenn man Schubert heißt.
Sie blieb doch dort, der Mann war reich,
so nimmt man hin des Gatten Streich.

Was Bert von seinem Glas aus sah:
Er kam sogar auch Männern nah.
War es der Beule müde List,
dass einer mal gekommen ist?

Nein, die Gattin gar betrogen
mit dem Jüngling, einem Dogen,
samtig weiß und feucht wie Fisch.
Im Schuppen stand der Foltertisch.

Segel des Schiffes

Ihr Winde, höret mein Begier,
weshalb ich schrieb die Oper hier.
Mein Name? Wagner, wie der Teig
mit Käse drauf. Orchester, schweig!

Kein Zweifel, sieben Meilen weit
sind meine Kummerlippen breit,
wenn ich an die Isolde denk,
sie war ein liebliches Geschenk.

Entrissen in des Sturmes Nacht,
als ich verschlief gar meine Wacht.
Nun treibt sie leblos in der See,
ein abgerissen Blatt vom Klee.

Ihr Winde, wagt es, blaset wild,
seid mir im Trauerspiel der Schild
und führt mich an der Hoffnung Strand,
an dem vor Schmerzen ich mich wand

bevor Isolde traute sich
mit mir. Oh, lasst mich nicht im Stich.
Ihr Winde, weht und wehe, wehe,
dass ich, eh ich mich versehe,

selber in die Fluten steige,
noch des Lebens Rest vergeige.
Wehet, Winde, weint um sie
und nicht um ein Musikgenie.

Sextant

Sex, Tantiemen, Ehrenpreise:
Autors Hirn hat eine Meise,
wenn es an die Zukunft denkt,
Potenzial dabei verschenkt.

Nur im Jetzt erklingt das Morgen,
das voll Plänen und auch Sorgen
schriftlich wird gar festgehalten,
um sich später zu entfalten.

Tanten, Onkel, Großcousinen
mag die Schrift zur Muse dienen,
dem Autoren zu verdauen,
was ihm gibt das Tagesgrauen.

Anerkennung, Aberkennung,
die schon lang ersehnte Trennung
von dem Wabern in dem Hirne
ratternd hinter seiner Stirne.

Autorschaft: Nicht zu verhehlen,
nicht aus dieser Welt zu stehlen,
schwarz auf weiß mit blauer Tinte.
Eine Fede oder Finte?

Sex, Tantiemen, Ehrenpreise,
falsche Ziele auf der Reise,
deren Ende noch nicht klar.
Ob es vielleicht schon gestern war?

Skorpion

Du stichst, und das zumeist heraus.
Erst optisch, dann mit deiner Art.
Bist müder Linsen Augenschmaus
und nicht Pupillen purpurzart.

Gestochen scharf und rattenscharf,
mein Mäuschen, lass dein Fellchen
mich doch berühren, wenn ich darf?
Liebst du mich nicht, dann welchen?

Sticht Bube nicht beim Kartenspiel?
Er ist dem König lästig, viel
Geld und Gut besitzt der Mann,
da kommt der Jüngling wohl nicht ran.

Du stichst mein Herz mir aus im Gram,
will ich dich doch nicht zwingen.
Dich eines Abends ohne Scham
zur alten Eiche bringen.

Der Baum voll Flaum, du kennst ihn gut,
lagst lang im Kronenschatten
mit ihm. Woher nahmst du den Mut
den Gatten zu begatten?

Ich steche dich wie mich dein Dolch.
Er hat mich eifersüchtig Strolch
mit Worten erst verwundet
und blutig dann erkundet.

Steinbock

Kein Stein bleibt auf dem andern,
wenn du in deinem Wandern
Gefühle trampelst platt
und frisst dich daran satt.

Erst aufgebaut, dann eingerissen,
es quält Gestürzte das Gewissen,
die das Mauerwerk erst priesen,
letztlich wurden weich wie Wiesen.

Deine Hörner möchten spießen
und dass viele Tränen fließen.
Gern durch Lust, doch auch die Trauer
liegt dann alsbald auf der Lauer.

Glänzend Herzen zu verführen
öffnet deiner Hörner Türen,
unerreichbar nur als Ziege
an der alten Säuglingswiege.

Bin ich dir nun auch verfallen?
Geiler Bock, so lass dein Horn
doch im Stillen einfach wallen,
zügle dich in deinem Zorn.

Weises Wesen, heißes Herze:
Gnadenlos brennt ab die Kerze,
die mich dir wird einst entreißen,
mit der Ewigkeit verschweißen.

Stier

Es traf sich auf ein kühles Bier
der eine mit dem andern Stier.
Im Ochsen war der Wirt ein Rind,
wo sie zusammenkommen sind.

Die Frau war weg, der Job ein Graus.
Man sucht sein Leben sich zwar aus,
doch sucht es dich wohl ebenso.
Das dritte Bier führt meist zum Klo.

Die Stiere starrten sich so an,
in alter Freundschaft dort vereint,
mit müdem Blick von Mann zu Mann.
Ein durstig Geist wohl nie verneint.

Da fragte dann der eine Stier:
„Wie geht es deinem jungen Tier?"
Der andere betonte: „Gut,
doch schleifend ist die Liebesglut."

So ist das mit dem Elternsein,
kommst du grad rein, dann kommt es rein,
das Kind und kuschelt sich dazu.
Verschwindet meist nicht schnell im Nu.

Die Stiere, einst für Fruchtbarkeit
gestanden, mythologisch, weit
gebracht hat's keiner. Nächstes Glas!
Ein Glück, dass niemand davon las.

Südliche Krone

Ob sich die neue Krone
zum Kauen nochmal lohne,
das fragte sich Frau Biss.
Sie hatte immer Schiss

gehabt vor jenem Doktor,
der nahm sich einen Pflock vor
und rammte ihn gen Kiefer.
Nicht selten ging er tiefer.

Bis sich Frau Biss entschieden
dann hatte hinzugehen,
war er dahin geschieden,
der Alte, stets am Stehen.

Im Unterkiefer wuchs der Schmerz,
der angebrochen Krone Erz
zerbröselte in Karamell.
Da stieg sie schnell auf ihr Kamel

und ritt sogleich zur Ambulanz,
gab dort den schweren Leidenstanz.
Der Pfleger sprach, sie käme spät,
man hatte nicht das Zahngerät

zu helfen ihr mit ihrem Mund.
Sie schrie sich ihre Zunge wund
und stolperte beim Gang nachhaus.
So kam dann doch die Krone raus.

Südlicher Fisch

Es kamen aus dem Süden
die Fische einst. Die Müden
begannen dann im Norden
die Heimischen zu morden.

Dies mag nun grausam klingen,
doch was soll Freude bringen?
Das Böse scheint zu siegen,
wirst du dich auch verbiegen.

Im Teich von Theodor am Rhein,
da sollte alles friedlich sein.
Doch bald gab es bei ihm auch schon
den Teil der Protz-Population,

der Amsel, Drossel, Fink und Barsch
blies Dynamit in ihren Arsch.
Ein dumpfer Knall, ein stummer Fall
und schon war Süden überall.

Der Theodor ist bös gestimmt:
Was jetzt in seinem Teich rumschwimmt,
ist schwer zu fangen, Köder-Kenner.
Auf dem Teller nicht der Renner

ist Gemüse frisch vom Feld.
Der Hofverkauf macht nun das Geld.
Was Theodor doch dankbar ahnt:
Er hat sehr lange abgesahnt.

Südliches Dreieck

Die Pizzeria Pizzatraum
war streng genommen nur ein Raum,
in dem einen kleiner Ofen stand
voll Fertigpizza-Pizzarand.

Herr Huber wurde arbeitslos
vor Jahren, da ging etwas los.
Die Frau war wahrlich nicht erfreut,
doch hat den Kummer bald bereut.

Ihr Mann, geschäftlich sehr versiert,
hat sich in Geldnot nicht geziert
sofort zu wittern den Gewinn,
denn ihm kam dieses in den Sinn:

Die Fertigpizza günstig ist.
Er backt sie einfach auf mit List
und packt sie ein in den Karton,
so macht's Freund Günther lange schon.

Die Schüler merken das wohl nicht,
sie sind das Kundenstamm-Gewicht.
Am Mittag stehen sie lang an
und wollen an die Pizza ran.

Nur stückchenweise wird verkauft,
so man mehr Geld zusammen rauft.
Herr Günther spielt den Süden,
gehört doch zu den Prüden.

Tafelberg

Der Schokoladenshop lief gut,
man fasste gar noch großen Mut,
ihn weiter auszubauen,
um Gelder aufzustauen.

Der Leser ahnt, es ging wohl schief.
Die Leserin auch zweifelt tief,
was ist denn nun passiert?
Hier wird es schnell serviert:

Ein Virus kam in diese Welt
und hat uns alle überwellt.
Die Läden zu, die Kassen leer.
Und übrig blieb ein Tafel-Heer.

Die Lebensmittelqualität
in Deutschland über allem steht,
weshalb das Ablaufdatum bald
dann wurde zur Kakao-Gewalt.

Man schmiss die Tafeln alle fort,
es wuchs daraus ein neuer Ort.
Ein ganzer Berg, der dann genannt
war „Tafelberg" und stets gebannt

blickt jedes Kind zu ihm hinauf.
Ja, auch der Sonne warmer Lauf
kann schmelzen nicht den Riesen,
der Sweetness hat bewiesen.

Taube

Des Sonntagmorgens Bahnhofsglanz
lässt finden dich so manchen Schwanz,
der wach noch von der Samstagnacht
den Stall hat nicht mehr zugemacht.

Die Frühaufsteher, schwer bepackt,
in Bahnen eilen wild gezackt,
den Zug noch zu erreichen.
Man möchte gar erbleichen

vor Neid, dass sie die Reise
nun machen auf die Weise,
wie es das Leben lehrt.
Mir blieb die Lust verwehrt.

Ich hatte nur die Taube,
die auf der Bäcker-Laube
nach krassen Krümeln gierte
und sich dabei nicht zierte,

im Sturzflug sie zu jagen.
Kennt man von vielen Tagen
sie doch nur lustlos picken.
Hier lässt sich eine blicken,

die ist noch engagiert.
Die Taube, motiviert.
Oh, gib mir ab was von der Kraft,
da mich der Frust zu Boden rafft.

Teleskop

Ich gehe nach so meiner Ars,
da sehe ich ganz plötzlich Mars.
Für Arcturus hielt ich den Kreis,
der ist auch rot, wie mancher weiß.

Geirrt hab ich, der Kriegsgott ist
der Mann, der hier den Himmel misst.
Betrachtet durch das Teleskop
besteht an Klarheit keine Not.

In Neugier schwenke ich herum,
da werde ich ganz plötzlich stumm:
Beim Nachbarn Norbert brennt noch Licht.
Ich seh ihn, doch er sieht mich nicht.

Die Glotze läuft, ein Talkshow-Traum,
Politiker mit Mund im Schaum.
Da plötzlich wechselt doch das Bild,
auf einmal wird es seltsam wild.

Der Fernsehrunde Sofa-Hort
sich wandelte zum Spa-Resort
und eine zierlich wirkend Frau
begann sogleich … ja, ganz genau.

Das Teleskop, ich schwenke es,
mir ist nicht nach dem Triebestress.
Der Norbert, Schlingel vor dem Herrn.
Das Weibchen schläft und er sieht fern.

Tukan

Den wirklich großen Schnabel
der Tukan hat, als Gabel
nutzt er das Stück im Hunger
beim gierigen Gelunger.

Ein großer Schnabel steht doch auch
für einen langen Wortgebrauch
und eben diesen hat Frau Schwatz.
Du sagst ein Wort, sie sagt den Satz.

Sie redet, spricht und labert oft,
ein Hinweis kommt gern unverhofft.
Auch optisch ist dem Schnabeltier
sie ähnlich, sitzt in dem Revier,

das mancher wohl Vorgarten nennt.
Dort hat sie manchen Tag verpennt,
genießend dieses Leben,
das ihr im Schlaf gegeben.

Am Smartphone schnackt sie stundenlang,
reiht Wort an Wort zu einem Strang,
das höre ich auf dem Balkon,
da ich gleich über ihr nur wohn.

Nun halte ich es nicht mehr aus
und greife nach dem Blumentopf.
Es fliegt ein wirklich schöner Strauß
direkt auf ihren Hefezopf.

Waage

Es gibt sie, diese Tage,
da steigst du auf die Waage.
Das Elend kommen sehend
und doch um Gnade flehend.

Die lustig lüstern Wochen
dich lassen zunächst kochen,
doch dann noch einmal denken
ans schöne Stundenschenken.

Der Speisen- und auch Trankgenuss
ist für den müden Geist ein Muss,
um Energie zu tanken,
sich seelisch nicht zu zanken

mit diesem trüben Leben.
Zwar kann es dir viel geben,
doch nimmt es liebend gern.
All das liegt dir sehr fern

beim Stehen auf dem Brette,
das anders als im Bette
die Rundungen ermahnt.
Hat man je abgesahnt

so wie auf einer Waage?
Es gibt sie, diese Tage.
Was ich mir damit sage?
Hör auf mit deiner Klage.

Walfisch

Der Walfisch, er hat keine Wahl.
Sie steht so grausam dort, die Zahl.
Der Kontostand, ein Sündenfall,
wird enden bald im großen Knall.

Da kam dem Knaben eine List:
Er Walhelfer gewesen ist,
im Kreißsaal fleißig stets aktiv
hielt er der Kamera Stativ,

wenn Papas sahen all das Blut.
Der Walfisch fand doch immer Mut.
Rein finanziell gab das nichts her,
das wunderte den Walfisch sehr

und so beschloss er, kluger Schelm,
zu ziehen auf den Fahrradhelm.
Er radelte durch die Allee,
vorbei an Damen und auch Klee.

Das Glück? Gegeben ihm erst nicht.
Da fiel ihm ein bald dies Gedicht:
Oh, holde Maid, du auf der Bank,
was sitzt du da? Nimm dies zum Dank,

ein Röslein bei der Fahrt gepflückt.
Ich hoffe, dass es dich beglückt,
wenn ich es selbst nun niemals darf.
Der Duft ist süß, ich bin nur scharf.

Wassermann

Der Shop im Dorf geschlossen war,
so wurde er einst bald ein Star:
Der Wassermann, der mit dem Rade
und einer gut trainierten Wade,

des Mittwochs kam, und im Gepäck:
Nicht Pizza, Döner, Spritzgebäck.
Nein, Wasser flaschenweise
nahm er mit auf die Reise.

Nicht selten mal das Gleichgewicht
verlor der Herr in einer Schicht,
denn wer zu viel von links verkauft,
dann rechts schon zart den Boden rauft.

Im Gleichgewicht die Rettung doch
für manches trocken Magenloch.
Frau Durstick war im Kundenstamm,
ihr Gartenhaus glich einem Damm.

Stets da genug vom frischen Nass,
der Enkel Emil fand das krass.
So kroch er eines Tages keck,
voll Hoffnung auf das Spritzgebäck,

in jenen Schuppen husch hinein.
Sein Bein, es fädelte doof ein.
Es fiel ein Beil, manch Flasche sprang.
Der Hausarrest: Er ging sehr lang.

Wasserschlange

Der alten Wasserschlange
im Wasser wurde bange.
Denn ein Bengalo flog hinein,
wo mochte das wohl her denn sein?

Der Fußball-Fanboy Ferdinand
sehr gern in seiner Kurve stand,
bis ihn die olle Pandemie
erniedrigte zum Pass-Genie.

Den Sport nun selber machen?
Es gab so manche Sachen,
für möglich nie gehalten.
Man muss halt manchmal schalten.

Doch eines Tages voller Frust,
vermissend die Randalen-Lust,
warf er das leuchtend Feuer fort
in einen nassen Wohlfühlort.

Die Wasserschlange, schwer gekränkt,
sie sah sogleich das Ding, versenkt
im Heimat-Herz, erdrückt von Schmerz.
Ein Reim, an den wohl keiner denkt.

Es sei dem Lesenden gesagt:
Die Spiele lange noch vertagt
dann wurden, Ferdinand blieb grob.
Vom Ortsvorstand gab es nur Lob.

Widder

Ich traf bei dem Gewitter
einst einen nassen Widder.
Ja, feucht ist er geworden,
entflohen seinen Horden

an flauschigen Kumpanen.
Den Sturm im Voraus ahnen?
Wohl kläglich schwer misslungen.
So traf er jenen Jungen,

den ich nicht nässer gab.
Bei plauschigem Getrab
erfuhr ich von dem Leben,
das ihm so ward gegeben.

Als Widder-Winzling auf die Erde
kam er. Wollte erst ein Pferde
werden, das missfiel der Mutter.
Fettig wie ein Stückchen Butter

lag er da im roten Stroh,
kurz noch seines Lebens froh.
Lange hielt die Freude nicht.
Gut, sonst wär hier kein Gedicht.

Seitdem irrt er durch die Heiden,
die Kontakte zu vermeiden.
Mich jedoch hat er getroffen.
Jacke zu und Seele offen.

Winkelmaß

Mit einem großen Winkelmaß
macht Winfried das Wildpinkeln Spaß.
Sein Strahl, der flog, ganz ungelogen,
an die Hauswand in dem Bogen.

Diesen besser zu bestimmen,
musste er das Licht nicht dimmen,
sondern die Gerätschaft nutzen
bei dem Hauswandputz-Verschmutzen.

Die Oktoberfestchen-Leichen,
ihre Dates bald einzustreichen,
liefen an dem Kerl vorbei.
Kotzten ihren Gerstenbrei,

angereichert mit Kandiertem,
vor die Füße dem Verwirrten.
Winfried war dies ziemlich gleich,
achtete er auf den Streich,

stets zu perfektionieren
den Bogen. Beim Justieren
Justitia kam her.
Die Handschellen sehr schwer

an seinen Händen spürend,
mit sich Gespräche führend,
lief er dann zu der Wache.
Und machte dort die Lache.

Wolf

Wolf Wolfgang war ein Wolf,
der spielte gerne Golf.
Doch fraß er oft die Bälle.
Für diese schlimmen Fälle

Ersatz war stets gelagert.
Noch niemals abgemagert
war Wolfgang dank des Sports,
den man jetzt allerorts

mit Schlägertypen treibt.
Der wilde Wolf, beleibt,
schlug Bälle in die Weite,
die Feinde in die Flucht

und lockte so die Weibchen.
Man möchte sich ein Scheibchen
von diesem Tier abschneiden,
den Kummer zu vermeiden

im nicht Erwidertwerden.
Dem größten Schmerz auf Erden.
Ein Hole-in-one bleibt nie allein,
der Wolf lädt dann die Wölfin ein,

den Wolf-Gang zu marschieren.
Dankt Darwin für das Schmieren-
theater ums Geschlecht.
Der Wolf, er war ein Hecht.

Zentaur

Es war mal ein Zentaur
auf seinen Körper sauer.
Die Männerbrust, den Pferdearsch,
das Haar so schmierig wie ein Barsch.

Ohje, welch Leid, einen Tränenfluss
ergoss sich über dessen Haupt,
weil man als Mann nicht weinen muss,
wenn man der gelben Presse glaubt.

Das Fabelwesen, fabelhaft,
war großgewachsen, hatte Kraft
und Eitelkeit in sich vereint.
Manch gutes Wort war bös gemeint.

Im vollen Fitnessstudio
zur Schau gestellt die Libido
wird von so manchem Muskeltier,
auch Damen laden ein zur Zier.

Doch eines Tages, Legday-Schmerzen,
nahm er sich den Rat zu Herzen
eines Freundes, sprach das Mädchen
an, das hob die Wagenrädchen

mit nur einer Hand hinauf.
Sie sagte ab, er war im Lauf
und tat das bei drei neuen noch.
Heut ist er Single, Fastfood-Koch.

Zirkel

Der Zirkel-Zirkel tagt geheim.
Das Codewort „Porridge-Haferschleim"
zu nennen ist am schweren Tor
von dem, der hat sonst nichts mehr vor.

Dem Mathe-Macker Marlon stank,
dass er nach einem Kaffeetrank
die ganze Nacht lag Stunden wach.
Da hörte er ganz plötzlich Krach.

Die Villa gegenüber war
sehr gut besucht, ein grauer Star
als Cabrio stand dort davor.
So wurde Marlon schnell ganz Ohr.

Ein Mantel-Mann mit schiefem Hut,
er fasste scheinbar allen Mut
und hauchte jenes Codewort zart
mit seiner Zunge durch den Bart.

Das Tor sprang von alleine auf,
so setzte jener fort den Lauf.
Und Marlon? Ja, auch der lief los.
Er ahnte schnell: Es geht um Moos.

Drinnen fand er geometrisch
sehr Versierte, egozentrisch
Kreise auf die Wände kritzelnd
und dabei manch Weibchen kitzelnd.

Zwillinge

Es waren einmal Zwillinge,
die wollten gerne Drillinge.
Sechs Enkel aber an der Zahl?
Für Gertrud eine große Qual.

So machte sie den Töchterlein
das Singleleben extra fein.
Von Herren halten sie gar fern.
Es half nichts, beide mochten gern

das andere Geschlecht und so
wuchs wild der große Enkelzoo.
Der Gertrud war dies gar nicht recht,
ging es ihr finanziell doch schlecht

und die Geschenke ganz allein,
sie konnten niemals günstig sein.
Geburtstag, Weihnacht, Osterfest,
all das gab ihr den letzten Rest.

Da plante Gertrud eine List:
Sie schenkte ihnen nur noch Mist.
Ein Matheheft, ein Teeservice,
das mögen junge Leut gewies.

Der Plan ging auf, die Stimmung sank
und aus blieb auch der große Dank
beim folgenden Geburtstagsschmaus.
So ging die Gertrud reich nachhaus.

Inhalt

Gedichte über unsere Sternbilder

Über den Autor

Felix Bürkle

Vita

1994: Geboren in Ostfildern-Ruit bei Stuttgart

2014-2017: Studium der Musikwissenschaft und Philosophie in Tübingen (Bachelor of Arts)

2017-2018: Ausbildung zum Texter am KreativKader Stuttgart (Diplom)

Publikationen

2019: „Angeschossene Eichhörnchen: Gedichte"

2020: „Gesündigt wegen Eigenbedarf: Gedichte"

2022: „Vom Wagen und Schützen: Gedichte über unsere Sternbilder"

Beifall, Buhrufe und Businessanfragen dürfen Sie mir gerne unter **kontakt@felix-buerkle.de** zukommen lassen.